LES
AMANS ENFONCÉS,

OU

MISÈRE ET COMPAGNIE,

TRAGÉDIE BURLESQUE EN UN ACTE ET EN VERS,

Par M. E. Thibaut,

MEMBRE CORRESPONDANT DU GYMNASE LYRIQUE,

Représentée pour la première fois, à Paris, sur le Théâtre Forain du Luxembourg, le Mardi 6 Juin 1826.

~~~~~~~~~~~~~~~~~~~~~~~

PRIX : 1 FR. 50 C.

~~~~~~~~~~~~~~~~~~~~~~~

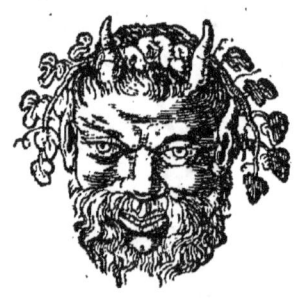

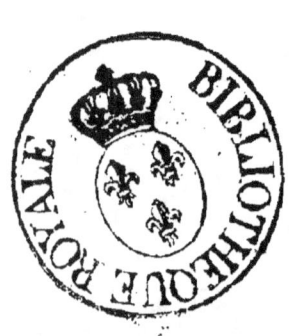
A PARIS,

CHEZ BEZOU, LIBRAIRE,

SUCCESSEUR DE M. FAGES,

AU MAGASIN DE PIÈCES DE THÉATRE,

Boulevard St.-Martin, N°. 29, vis-à-vis la rue de Lancry.

~~~~~~~~~~~~~~~

1826.

PERSONNAGES. Acteurs.

CÉSAR, Décrotteur et Tondeur de chiens...................... M. *Aleaume.*

CROTTÉ, Balayeur des rues de Paris. M. *Amable.*

GOUSPIN, Ramoneur............'... M. *Léopold.*

LEBLANC, Charbonnier...······· { M. *Guilbert.*
 { M. *Clairville aîné.*

GOTON, jeune Chiffonnière........ Mˡˡᵉ. *Clara.*

La scène se passe à Paris, dans un carrefour.

Conforme à la représentation.

DE L'IMPRIMERIE DE J.-S. CORDIER FILS,
Rue Thévenot, N°. 8, à Paris.

LES
AMANS ENFONCÉS, (*)

ou

MISÈRE ET COMPAGNIE.

Le théâtre représente un carrefour de Paris. A droite de l'acteur, une boutique ayant cette enseigne : « Au nœud d'épée, Vérat, gargotier, donne à boire et à manger à tous prix. » Il fait petit jour.

SCÈNE I.

CÉSAR, CROTTÉ, GOUSPIN.

(Au lever du rideau, César et Gouspin sont couchés à terre, l'un à droite, l'autre à gauche et ronflent très-fort jusqu'au moment où Crotté prend la parole. Ce dernier au milieu de la scène est appuyé sur son balai et réfléchit profondément.)

CROTTÉ, *sortant de sa rêverie, et poussant un gros soupir.*

Il est à peine jour, et déjà ma paupière
Deshabille mon œil et m'offre la lumière ;
A peine hors du grabat, à peine réveillé,
J'ai l'amour dans la boule et le cœur barbouillé.
Goton, chère Goton ! dont l'esprit et les charmes
Promettent les plaisirs et causent mes alarmes !
Quand m'honoreras-tu d'un seul de tes regards ?
Quand voudras-tu d'hymen tenter les doux hasards ?
Je crois te voir déjà dans ton septième étage,
Habiller un marmot, et soigner mon potage ;
Je me vois à l'avance, ô bonheur fortuné !
De chiffons et d'enfans, sans cesse environné,
Sous mon toit embelli par ta joyeuse mine,
Défier la tristesse, et braver la débine.

(*) Ici le mot *enfoncé* a une autre signification que celle que lui donne l'Académie. Le peuple l'emploie fréquemment pour exprimer la déconfiture ou la mort de quelqu'un. C'est en ce sens que je le fais figurer dans ce titre qui devait nécessairement être burlesque.

(*Regardant César et Gouspin.*)

Ils dorment tous les deux... Ils ne pensent à rien...
La paix est dans leur cœur, et l'enfer dans le m en!
Ah! César! ah! Gouspin! que je vous porte envie,
Pour vivre comme vous, je donnerais ma vie!...

CÉSAR, *rêvant et donnant un coup de pied à Crotté, en allongeant une jambe.*

Ah! Goton! tendre amie!...

CROTTÉ, *surpris.*

Il rêve de Goton!...
Serait-il son amant!... et serais-je un dindon!...

CÉSAR, *rêvant toujours.*

Je t'aime, tu le sais, sans aucun artifice;
Pour gage accepte donc ce morceau de réglisse.

CROTTÉ, *hors de lui.*

César est mon rival!... César l'emporterait!
Que n'ai-je pu prévoir!... Eh! qui s'en douterait?...
Ô rage!... ô désespoir!... ô fureur!... ô carnage!
Amour, voilà tes coups! voilà bien ton ouvrage!
Tu te plais à troubler les cœurs indifférens,
Ils ont de beaux cheveux lorsque tu nous les rends!
Mais je veux me venger!... il faut, à la muette,
Qu'à mon rival heureux, je coupe la musette.
Contentons mes désirs, abreuvons-nous de sang,
Assommons...

(*Il lève son balai sur César.*)

GOUSPIN, *rêvant de l'autre côté.*

Ah! Goton! Goton, ma chère enfant!...

CROTTÉ, *stupéfait.*

Ciel! encore un rival!

GOUSPIN, *rêvant toujours.*

Satisfais à ma flamme,
Réponds à mon amour, et sois enfin ma femme.

CROTTÉ, *hors de lui.*

Sa femme, ô Ciel! sa femme... et je le souffrirais!
Deux rivaux sur les bras, et je me calmerais!
Non; je n'écoute rien: je veux que ma vaillance,
De ces dormeurs maudits tire à l'instant vengeance.
Armons-nous donc sans bruit, et frappons...

(*Il lève son balai sur Gouspin.*)

SCÈNE II.

Les Précédens, GOTON.

GOTON, *accourant, arrête, avec son crochet, le balai de Crotté.*

Arrêtez !...

Que faites-vous, cruel ?...

CROTTÉ.

Ah ! Goton, écoutez :
On me nomme Crotté, le balayeur de rues ;
Sur vous, sur vos appas, j'avais conçu des vues.
Sitôt que je vous vis, il me fallut aimer :
Je n'osais vous le dire, ou ne sus m'exprimer.
Mais, hélas ! quels moyens n'ai-je pas mis en œuvre,
Quels détours, quels signaux, quels soins, quelle ma-
      nœuvre,
Pour vous faire savoir que l'Amour en vainqueur,
Comme un poisson dans l'eau frétillait dans mon cœur !..
Las ! je perdais mon temps ; loin d'adoucir ma chaîne,
Vous faisiez mon malheur ; je dévorais ma peine.
C'était pour vous aussi que j'allais, de ma main,
Éventrer à l'instant et César et Gouspin :
Ils étaient mes amis, et... j'étais loin de croire
Que votre nom, hélas ! trottât dans leur mémoire :
Ils ont rêvé de vous ; j'ai tout su par hasard,
Et pour vous avoir seul, j'allais les mettre à part ;
Sans vous, ils la gobaient ; ils étaient dans l'abîme :
Pour la première fois, je me souillais d'un crime !..
Oh ! que si vous vouliez, vous me feriez heureux !
Un mot, un petit mot..., ou, si vous voulez, deux :
Ils seront suffisans, s'ils disent : je t'adore !..

GOTON, *avec une noblesse affectée.*

De décider mon choix, il n'est pas temps encore,
Le sort prononcera qui doit avoir ma main,
De vous ou de César, ou du seigneur Gouspin.

(*Frappant Gouspin sur le derrière avec son crochet.*)
Levez-vous !

GOUSPIN, *se réveillant sans voir Goton.*

Oh ! la la !

GOTON, *frappant César de même.*

Vite et tôt, qu'on se lève ;
Dépêchons : il est tard.

CÉSAR, *sans voir Goton.*

Que la peste te crève !
(*Apercevant Goton.*)
Goton! c'est vous, ô ciel!.. Pardonnez au sommeil
Cette réception que vous fait mon réveil.
J'ignorais.....

GOTON.

Il suffit.

GOUSPIN.
Excusez...

GOTON.

Je pardonne.

CÉSAR.

Comme elle est généreuse!..

GOUSPIN.

Oh! que vous êtes bonne !

GOTON.

Vous m'adorez, Seigneurs; je le sais, et je vien
Terminer vos débats en formant un lien.

CROTTÉ.

Oh! je l'emporterai !

CÉSAR.

C'est moi!

GOUSPIN.

C'est moi, sans doute.

GOTON.

Taisez-vous, tous les trois, et que chacun écoute :
Il est bon, qu'avant tout, vous sachiez qui je suis.
Pendant le carnaval, à Paris, je naquis ;
Je vis le jour, un soir, au fond d'une mansarde;
Mais d'en venir au fait avec vous il me tarde.
Il me faut un mari, pas *faignant*, travailleur,
Qui soit solide au poste, et fasse mon bonheur.
Je veux, qu'entre ses dents, jamais il ne marmotte,

Si je lui fais porter... mon crochet et ma hotte.
Bref, j'entends que celui qui sera mon époux,
Soit confiant, soumis, docile et point jaloux.
Cela vous convient-il ?....

CÉSAR.

Pourquoi donc pas, Madame,
Rien ne peut ébranler le vigueur de ma flamme.

CROTTÉ.

Vos erreurs, à mes yeux, n'ont pu vous enlaidir,
Et mon ardent amour ne peut s'en refroidir.

GOTON.

Et toi, Gouspin ?..

GOUSPIN.

Pour vous, céleste demoiselle,
Je dessèche sur pied, si bien qu'à la chandelle ;
On verrait mon cœur battre et palpiter tout bas.

CÉSAR, à Gouspin.

Tu soupires pour elle, et tu ne trembles pas ?...

CROTTÉ.

Mais, toi-même César, tu vas sur mes brisées ;
Sais-tu que ces beautés par moi sont courtisées,
Et que vouloir y mordre est me faire un affront ?
Le sais-tu ?...

GOTON.

Mais, Messieurs, n'ayez pas tant de front !

CÉSAR, à Crotté.

Je me moque de toi, vil coureur de ribottes !
Va balayer ta rue et ramasser tes crottes ;
Goton est mon bonheur, Goton est tout mon bien ;
Pour un demi-setier, je n'en céderais rien.

CROTTÉ.

Toi, posséder Goton !... Toi, m'enlever ses charmes !
Toi, me ravir son cœur !...

GOTON.

Vous comblez mes alarmes,
Princes, modérez-vous.

GOUSPIN, *d'un air sournois.*

Je me modère, moi ;
Pour prix de mon silence, aurai-je votre foi ?

CROTTÉ.

Gouspin, prends-garde à toi ?...

CÉSAR.

Gouspin, tu veux des claques.

GOUSPIN.

Goton, protégez-moi ; prévenez leurs attaques.

CÉSAR.

Princesse, prononcez.

CROTTÉ.

Reine, décidez-vous :
Nommez l'heureux mortel qui sera votre époux.

GOTON.

Je vous aime tous trois, ainsi point de bataille ;
Pour cesser vos débats, tirons la courte-paille,
La plus longue à mon gré, fixera mon destin,
A celui qui l'aura, j'accorderai ma main.

CROTTÉ.

Bravo !

CÉSAR.

Ça va !

GOUSPIN.

J'y tope.

GOTON, *tirant la paille de sa hotte.*

Eh bien, que chacun tire ;
Le sort décidant seul, vous n'aurez rien à dire ;
Et je vous défends tous, au nom sacré des loix,
De donner une tappe à l'époux de son choix.
Tirez, César.

CÉSAR, *tirant.*

Je tire... O dieux ? qu'elle est petite !
C'en est fait, plus d'espoir, pour moi Goton est frite !

GOTON.

Tirez, Gouspin.

GOUSPIN, *tirant.*

Je tire... Elle a plus de longueur ;
L'espoir, que perd César, luit encor dans mon cœur.

COTON, *à Crotté.*

A vous, mon cher.

CROTTÉ, *tirant.*

Je tire... O sort ! tu m'es propice !
Je cours au cabaret, t'offrir un sacrifice.
       (*à Goton.*)
Et toi, que le hasard accorde à mon amour,
Viens couronner son choix dans ce charmant séjour ;
Viens y serrer des nœuds que le ciel autorise,
A la barbe de ceux que mon bonheur défrise.
(*Il saisit Goton dans ses bras, et se sauve avec elle dans
la gargotte de Vérat.*)

SCÈNE III.

CÉSAR, GOUSPIN.

CÉSAR, *anéanti.*

Eh bien, Gouspin ?..

GOUSPIN, *le regardant.*
De quoi ?..

CÉSAR, *imitant Talma dans Manlius.*
Qu'en dis-tu ?..

GOUSPIN, *réfléchissant.*
                              Cette affaire
Est dure à digérer, j'en conviens ; mais qu'y faire ?

CÉSAR, *à lui-même.*

Me ravir sous le nez, un bien si précieux....
L'épouser malgré moi !..

GOUSPIN, *à lui-même.*
                 L'enlever à mes yeux !...

CÉSAR, *à lui-même.*

Et c'est un va-nu-pieds, un manant, un maroufle,
Qui possède Goton !..

Les Amans.   2

GOUSPIN, *à lui-même.*

C'est lui qui me la souffle!

CÉSAR.

Goton que j'aimais tant, Goton me plante-là!...
Je ne pourrai jamais lui pardonner cela.
Elle en qui j'avais mis toutes mes espérances,
Et dans le souvenir, allégeait mes souffrances;
Elle, dont j'ai souvent décoré les sabots
Du poil des plus beaux chiens que je sauvais des eaux!
L'ingrate m'abandonne... Avec Crotté, sans doute,
Dans le bouchon voisin, elle lampe la goutte;
Ils s'enivrent... d'amour, en se jurant leur foi,
Et disent, j'en suis sûr, pis que pendre de moi.

GOUSPIN.

Et de moi, donc.

CÉSAR.

Tremblez, basse et vile canaille,
Je troublerai bientôt votre indigne ripaille;
Et bravant, sur-le-champ, vos insolens dédains,
Je mettrai, s'il le faut, un terme à vos destins.
Sortez, soins complaisans!.. Sortez, désir de plaire!
Douceur, amour, sortez de mon ame en colère!
Faites place au courroux qui va guider mon bras.
Et vous, filles d'enfer, je m'attache à vos pas :
Chez le marchand de vin, répandons la discorde,
Et dans son intérieur ne laissons qu'une corde
Pour pendre deux amans, bien entrain d'avaler.
Et qui, sans nul égard, m'ont osé faire aller.
Marchons!..

GOUSPIN, *le suivant.*

Et moi de même...

CÉSAR, *se retournant.*

Où vas-tu?..

GOUSPIN.

Je m'empresse
D'aller au cabaret délivrer ma maîtresse;
Je voulais suivre aussi les filles des enfers,
Pour arracher Goton à ses odieux fers.

CÉSAR, *dont la colère monte par degrés, s'avance toujours*
à mesure que Gouspin recule.

Ah! tu vois ma colère, et tu penses encore
A serrer de trop près la femme que j'adore.
Témoin de mes transports, témoin de ma fureur,
Tu veux, comme Crotté m'escamoter son cœur.
Il faut, vilain blanc-bec, que tu sois las de vivre
Pour courtiser Goton, pour oser la poursuivre,
Quand tu sais que mon bras saisissant un gourdin,
Pourrait te faire ici passer le goût du pain.

GOUSPIN, *effrayé.*

Le goût du pain, grands dieux!.. Garde ta chiffonnière,
Je n'y veux plus de part et te la cède entière.
Pour elle, volontiers, j'aurais fait quelques pas;
Mais c'est aller trop loin que d'aller au trépas.
Sois heureux, j'y consens, et même en ta détresse,
Pour servir tes amours, je t'offre mon adresse.

CÉSAR.

Ce changement subit m'étonne et me surprend;
De ta fidélité, quel sera le garant?
Qui pourra m'assurer que bien je me confie,
Et que ma bonne foi ne sera point trahie?

GOUSPIN, *levant la main.*

Mon serment.

CÉSAR.

Tiendras-tu?

GOUSPIN.

J'agirai sans retard;
Je ne suis pas gascon, je naquis savoyard.
Je suis jeune, il est vrai; mais que prouve la nuque?
La valeur n'attend pas que l'on porte perruque.
Mon courage est connu. Tout autre que Gouspin
Au seul nom de Crotté, décamperait soudain.
Chacun sait, en ces lieux, que sa pelle homicide
Du sort de ses rivaux presque toujours décide;
C'est chanceux; mais enfin, je risque le paquet
Et j'aurai plus de force, ayant plus de toupet.
A qui venge un ami, rien ne semble effroyable :
Son dos inattaqué, n'est pas inattaquable.

CÉSAR.

Ce front que tu fais voir, prouve à mon amitié
Qu'on ne te marche pas aisément sur le pié.
Ta voix a ranimé toute mon espérance ;
Que ne te dois-je pas? quelle reconnaissance ?....

GOUSPIN.

Je n'en exige point ; mon cœur en liberté
Te sert sans intérêt, t'oblige par bonté.
Me crois-tu de ces gens qui vont, sous la gouttière,
Offrir un parapluie, et mendier salaire ?
M'as-tu vu quelquefois, quand il tombe de l'eau,
Me saisir d'une planche, en couvrir le ruisseau,
Tendre une main sordide à tout bourgeois qui passe;
S'il ne débourse rien, lui faire la grimace,
Et soulever ma planche avant qu'il soit passé ?
Non, cher César, mon cœur est désintéressé.
Cette ame qu'à l'instant tu soupçonnais si noire,
Pour prix de ses secours ne veut pas de pour-boire,
Et mettra tous ses soins à prouver aujourd'hui
Qu'il est encor sur terre un véritable ami.

CÉSAR.

Trop généreux Gouspin, ta voix qui me rassure,
Ne laisse à ma douleur aucune nourriture,
Et les soins obligeans que tu viens de m'offrir,
Me sont de sûrs garans d'un heureux avenir.
Unissons-nous... mais quoi ?... J'entends quelqu'un
          qui tousse...
C'est Crotté ; je le vois!... son destin me le pousse ;
Il se livre lui-même à mon juste courroux ;
Nous allons nous montrer ! mais, d'abord, cachons-nous.
Quand il sera venu flaner sur cette place,
Chez Vérat, en deux sauts, j'entre et fais volte face;
Je lui souffle l'objet dont mon cœur est épris,
Et je cours l'enfermer sous mes nobles lambris.
Toi, tu resteras là : des suites de l'affaire,
Il est bon que tu sois le témoin oculaire;
Sois attentif à tout ce qui peut survenir,
Prévois les accidens et viens m'en prévenir.

(Ils restent un moment au fond. Lorsque Crotté est par-
venu en trébuchant sur l'avant-scène, César entre vive-
ment dans le cabaret et en sort aussitôt, tenant Goton
endormie entre ses bras ; il traverse le théâtre et dispa-
raît. Gouspin sans être vu de Crotté, épie ses mouve-
mens, l'écoute et reste en scène avec lui.)

SCÈNE IV.

CROTTÉ, GOUSPIN.

CROTTÉ, *entre deux vins.*

Tous les biens d'ici-bas ne sont qu'une chimère,
Près du joli repas que nous venons de faire ;
Un roi, dans son fauteuil, mollement étalé,
Ne s'est jamais, je pense, aussi bien régalé.
Le vin... qu'il était bon !... quelle couleur vermeille !
En le buvant ma bouche atteignait mon oreille !
Goton... qu'elle était belle, et qu'elle avait d'appas,
Quand je la vis pompette à la fin du repas !
L'ivresse avait un peu dérangé sa parure,
Et sur son col de jais flottait sa chevelure ;
Je la trouvais alors plus belle que le jour,
J'allais d'un doux baiser repaître mon amour ;
Mais Goton s'éveillant rappela ma sagesse
Et me dit fièrement : « Respectez ma faiblesse ;
» Sachez qu'un baiser seul gênerait ma pudeur
» Et que je suis, je crois, une fille d'honneur. »
A ces mots prononcés d'une voix qui raisonne,
J'ai vu, dans mon objet, les vertus en personne ;
Honteux d'avoir conçu ce coupable désir,
J'en viens montrer ici le touchant repentir.
(Ici Gouspin éternue ; Crotté croit entendre Goton.)
Elle vient !... Ah ! Goton ! votre vue embarrasse
Des yeux qui n'oseront vous regarder en face,
Si vous ne pardonnez..... elle ne répond pas....
(Toujours sans vouloir regarder.)
Ah ! du moins, je vous prie, avancez quelques pas.
Donnez-moi votre main ; montrez-vous raisonnable...
(Gouspin s'est approché et a donné sa main que Crotté
caresse continuellement.)

Ma faute pour jamais est-elle impardonnable ?
Mes regrets feront-ils cesser votre courroux ?
Faut-il, pour l'appaiser, mourir à vos genoux ?
Vous ne me dites rien ? que faut-il que je fasse ?
Pour obtenir la paix, faut-il qu'on vous embrasse ?
Rien encor... ah ! ma foi, ce silence est vexant ;
Je n'y saurais tenir ; qui ne dit mot, consent.

GOUSPIN, *vivement à part.*

Comme il donne dedans !...

CROTTÉ, *qui s'est retourné petit-à-petit, se trouve nez-à-nez*
avec Gouspin ; cette aventure le dégrise subitement.

　　　　　　　　　　Ciel !... ai-je la berlue !
Ce n'était point Goton !... qu'est-elle devenue ?...
Me l'aurait-on ravie, et quelqu'audacieux
Aurait-il sur la belle osé lever les yeux ?
Quelqu'un aurait-il fait cet outrage à ma flamme ?

　　　　　　　　(*Courant à l'entrée du cabaret.*)

Dites donc, les anciens, avez-vous vu ma femme ?
Non !... à la retrouver apportez tous vos soins ;
Garçon, voilà six blancs, visitez tous les coins,
Cherchez bien sous la table et derrière la porte,
A la cave, au grenier, partout, prenez main forte,
En cas qu'un séducteur, friand de ses attraits,
Ne veuille à mon amour, la ravir pour jamais.

GOUSPIN, *à part.*

Il va pour ses six blancs faire aller tout le monde.

CROTTÉ, *revenant à l'avant-scène.*

O jour d'affliction !... ô tristesse profonde !...
N'aurais-je qu'un moment entrevu le bonheur ?
Perdrais-je pour toujours la reine de mon cœur ?
Dieux !... quel soupçon cruel vient agiter mon ame,
César est-il l'auteur de ce complot infâme ?
Je ne sais que penser... Tu ris, toi, maître sot !
Tu te moques de moi.....

GOUSPIN, *souriant.*

　　　　　Je ne dis pas un mot.

CROTTÉ.

Ton souris t'as trahi ! sournois, tu connais l'homme ;
Tu l'as vu, tu sais tout, parle ou bien je t'assomme !

GOUSPIN, *qui commence à trembler.*

Tu m'assommes, grand Dieu!...

CROTTÉ, *le poing levé.*

Parle vite ou sinon!...

GOUSPIN.

Je n'aurais point parlé, fut-ce pour un jambon;
Il s'agit de la vie, au diable le mystère.
Crotté, suspends tes coups, je vais te satisfaire;
Et ma discrétion solide en d'autres cas,
Va céder, sans détours, à l'aspect du trépas;
Trop heureux si je puis en ce jour de détresse,
T'aider dans tes amours et servir ta tendresse.

CROTTÉ, *calmé.*

Eh bien, parle, mon vieux; j'accepte ton appui.

GOUSPIN.

César a fait le rapt, et Goton est chez lui.

CROTTÉ.

Je m'en avais douté!... Quel tissu d'artifices!...

GOUSPIN.

Ami, pour le punir, je t'offre mes services.

CROTTÉ.

Dois-je compter, Gouspin, sur ta sincérité?

GOUSPIN, *élevant la main.*

Mon serment t'est garant de ma fidélité.
Oui, je veux, dès ce jour, te consacrer mon zèle,
Et faire les cent coups pour délivrer ta belle;
Plein de ressentiment, je jure, à tout hasard,
Une haine implacable au traître de César.
César que je maudis, et que ton cœur abhorre,
César qui par un rapt ici se déshonore,
Puissent les décrotteurs, ensemble conjurés,
Lui voler ses cliens encor mal assurés;
Et si ce n'est assez, pour lui faire la queue,
Qu'ils s'unissent bientôt à ceux de la banlieue.
Que cent bourgeois, par heure, unis pour l'attrister,
Passent devant ses yeux sans daigner s'arrêter.

Que lui-même, sur soi, renverse son cirage,
Et de ses propres doigts se déchire de rage.
Que le courroux du ciel, habile à s'allumer,
Paralyse sa main si prompte à me gourmer.
Puissé-je voir un jour chez lui tomber la foudre;
Voir sa cire moisie et sa sellette en poudre;
Voir son dernier caniche à son dernier soupir;
Moi seul en être cause et sauter de plaisir!

CROTTÉ, *lui sautant au cou.*

Oh! le charmant garçon!... Mais, mon cher, l'heure
    avance,
Et Goton pourrait bien douter de ma constance.
Courons à son secours.

GOUSPIN.

Non, moi, je reste ici,
J'en ai quelque raison, n'en prends aucun souci.

CROTTÉ.

Tu refuses l'honneur d'une telle entreprise?

GOUSPIN.

Je suis de ton parti; que cela te suffise.

CROTTÉ.

Et qu'est donc devenu ce dévouement outré
Qu'avec chaleur ta voix à l'instant m'a montré?

GOUSPIN, *montrant son cœur.*

Il est là pour toujours!...

CROTTÉ.

Être pusillanime!
Tu te montrais un crâne, et c'était pour la frime.
Va, ta fausse valeur, en voulant me jouer,
Te sert mal, sur ma foi, car je vais te rouer.

GOUSPIN, *l'arrêtant.*

Que tu me connais mal, et quel est ton délire!
Quand je fais le fendant, ce n'est pas pour de rire:
César peut s'évader; en restant en ces lieux,
J'en ferai mon affaire, et te servirai mieux.

CROTTÉ.

Parbleu! mon cher ami, l'attention est bonne...

A ma vivacité que ton esprit pardonne,
Je te devrai bientôt ma femme et mon bonheur.

GOUSPIN, *noblement.*

Volez à la vengeance, et revenez vainqueur!

CROTTÉ, *avec force.*

Oui, j'y vole!... ah! César, que ta carcasse tremble.
　　(*Plus doucement à Gouspin, en lui serrant la main.*)
A mon retour, Gouspin, nous dinerons ensemble.
　　　　　　　(*Il sort vivement.*)

SCÈNE V.

GOUSPIN, *seul.*

Me voilà seul enfin, il s'en va, Dieu merci,
Que ne puis-je prévoir la fin de tout ceci!
Je mets entre leurs mains une femme chérie,
Qui sans doute aurait fait le bonheur de ma vie;
Je l'expose moi-même à leur lâche fureur,
Je la leur sacrifie en déchirant mon cœur.
Pour les amadouer, je fais le bon apôtre;
J'entre dans un parti, je favorise l'autre,
Et je vais les avoir tous les deux sur le dos,
Tous deux vont, à l'envi, se disputer mes os!...
Et pourquoi diable aussi, mon esprit sans mesures,
Va-t-il, à tout propos, flairer les aventures,
Tandis que fort souvent je m'en vois le dindon?
Hier encor, n'ai-je pas amorcé le bâton?...
Aux approches du soir, j'étais à la Courtille,
J'y rattachais les plats qu'avait cassés la fille;
Goton avec Leblanc, le charbonnier du port,
(Qui de tous les malins, est, dit-on, le plus fort,)
Atablés en un coin avalaient des grillades.
Je lançais à Goton d'amoureuses œillades,
Que la belle en secret me rendait sans façon.
En ce moment l'amour sût me faire un lardon...
Mais un lardon, grand Dieu! qui troubla ma caboche,
Au point de me pousser à faire une bamboche :
J'enlevai mon objet à son noir charbonnier,
Et conduisis Goton jusques dans mon grenier.

Les Amans.　　　　　　　　　　　　3 .

Ce fut dans ce trajet qu'elle connut ma flamme
Et qu'elle apprécia tous les feux de mon ame...
Quelqu'un vient... (*avec terreur*). C'est Leblanc!!...

SCÈNE VI.

GOUSPIN, LEBLANC.

LEBLANC, *traverse le fond du théâtre comme un passant;
mais apercevant Gouspin, il s'approche, l'examine, et
le reconnaît.*

Ah! je te trouve enfin!
Qu'as-tu fait de Goton? Réponds-moi, galopin?

GOUSPIN, *à part.*

Dissimulons. (*Haut*). Goton?... la question m'étonne:
M'avais-tu donc nommé gardien de sa personne?

LEBLANC.

Fort bien, fais l'ignorant!

GOUSPIN.

En effet, je le suis.

LEBLANC.

Ah! tu me fais la nique et tu t'en réjouis!

GOUSPIN.

Mais encore une fois...

LEBLANC.

Devant moi tu renifles!
Tiens, crois-moi, parle vite ou sinon gare aux giffles!

GOUSPIN.

Ah! suspends ta vengeance et calme ton courroux:
Injustement sur moi plane un soupçon jaloux.
Plains plutôt l'amitié qui montra sa vaillance,
Et qui n'en reçoit pas la moindre récompense.
Ingrat! si tu savais ce que j'ai fait pour toi,
Tu rougirais d'avoir levé la main sur moi.
Hier, après le souper, ta tendresse endormie,
Abandonnait Goton; elle-même assoupie

Ronflait à faire peur ; mais ces ronflemens-là
Prêtaient un nouveau charme à ceux qu'elle a déjà.
César que tu connais, s'approche de la table
Et me dit brusquement, d'une voix formidable,
Qui, sans te réveiller, sût faire tout trembler :
» Pour qui sont ces appas qu'on laisse ainsi ronfler ?
» Est-ce donc pour dormir que le ciel fait les filles ?
» Parbleu ! pour les tendrons, voilà de fameux drilles ;
» Ils dorment sur le rôt. Puisqu'il en est ainsi,
» Le bijou m'appartient, et je le sors d'ici. »
Manant, lui dis-je alors, je brave l'insolence,
» Et tu me paîras cher la moindre violence.
» Maître ivrogne, dis-moi, de quel droit prétends-tu
» A ta vile personne allier la vertu ?
» Crains que mon camarade à l'instant ne s'éveille,
» Et ne fasse, à ton nez, siffler mainte bouteille,
» Ou qu'empêchant moi-même un rapt audacieux,
» Mes courageuses mains ne t'arrachent les yeux.
Il ne répondit rien ; mais visant à la table,
Il s'élance sur moi, je me bats comme un diable ;
J'allais le terrasser, quand il vint, par malheur,
Un renfort qui bientôt écrasa ma valeur ;
L'un d'eux me prend les mains qu'il rassemble avec peine ;
Un autre, par les pieds, me saisit et m'enchaîne ;
Je vis avec douleur s'éclipser tes amours,
Sans pouvoir leur porter le plus léger secours.

LEBLANC, avec humeur.

Que ne m'éveillas-tu ?...

GOUSPIN.

J'essayai, mais que faire ?...
Tu dormais, cher Leblanc, d'une telle manière,
Qu'on aurait bien je crois fait sonner le bourdon,
Fait battre vingt tambours et sauter la maison ;
Que tu fusses resté dans la même posture.

LEBLANC.

Ceci me paraît fort !

GOUSPIN, vivement.

Bref, de cette aventure,
Heureusement pour toi, j'ai pu suivre le cours,

Je sais où l'on a mis l'objet de tes amours :
Chez César, crois-le bien, Goton est enfermée.

LEBLANC.

Ah ! de colère ici mon ame est animée ;
Jamais impunément on n'outragea mon cœur,
Et je vais, de ce pas, trouver le ravisseur.
Gouspin, sois, dès ce jour, sûr de ma gratitude.

GOUSPIN.

Moi ? J'ai d'être obligeant, une telle habitude,
Que je n'exige rien ; héros de l'amitié,
Je te vois satisfait, je me trouve payé ;
Trop heureux si je puis, en ce jour de détresse,
Aider à ta vengeance et servir ta tendresse.

LEBLANC.

De tes soins complaisans ce serait abuser,
Peut-être en d'autres cas m'en faudra-t-il user ;
Mais ici, je l'avoue, il ne me faut personne,
Ma force me suffit, mon courroux me la donne.
Contre moi dix Césars, à se battre d'accord,
Friseraient la victoire et trouveraient la mort.
Je cours, sans plus tarder, le trouver dans son bouge,
Et Leblanc, quoique noir, va revenir tout rouge
Du sang du séducteur!...

(Il sort précipitamment.)

SCÈNE VII.

GOUSPIN, *seul.*

Allons, les voilà trois :
César, Crotté, Leblanc vont sans doute à la fois,
Signaler leur valeur, déployer leur adresse,
Et s'échiner enfin aux yeux de ma maîtresse.
Que vais-je devenir en cet affreux conflit?
L'un des trois reviendra vainqueur sans contredit,
Si c'est César, comment échapper à sa rage?
Le trépas ou la mort deviendra mon partage ;
Je pourrais, je le sais, par un départ prudent,
Éviter ce malheur que je crains... Cependant,

Je ne sais qui me dit et qui m'engage à croire
Que de l'événement j'aurai toute la gloire,
Et que mon tendre objet dégoûté de ce train,
Abjurant ses erreurs, m'accordera sa main.
Espérons... car enfin... mais que vois-je! éperdue,
Goton, échevelée, apparait à ma vue!...
Serait-elle blessée, ou du fameux combat
Vient-elle m'annoncer le sanglant résultat?...

SCÈNE VIII.

GOUSPIN, GOTON, *en désordre.*

GOUSPIN.

Quel trouble vous agite?... et quel chagrin extrême
A pu rendre soudain votre visage blême?
Qui peut donc à ce point émouvoir vos attraits?
Quoi, votre époux déjà vous a-t-il fait des traits?
Je brûle de savoir.... Ah! parlez, je vous prie.

GOTON, *très-agitée.*

Quelque reconfortant me rendrait à la vie.

GOUSPIN, *à part en tatant ses poches.*

Oui, mais je suis à sec!...

(*Montrant le cabaret.*)
Ce sont de bonnes gens,

Demandons.

(*Il entre chez Vérat.*)

GOTON, *seule, à elle-même.*

J'ai besoin de reprendre mes sens,
De crainte et de terreur, je suis encore émue;
Quel spectacle, grand Dieu! s'est offert à ma vue;
Je n'aurais jamais cru que mes faibles appas,
Eussent pu, dans un jour, faire autant de fracas.

GOUSPIN, *revenant tristement.*

Les marchands d'aujourd'hui, de gain sont trop avides;
Pardonnez à Gouspin s'il revient les mains vides:
A mon amour, princesse, on refuse crédit.

GOTON, *toujours émue.*

Eh bien, Seigneur, prenons que nous n'avons rien dit.

GOUSPIN, *regardant autour de lui.*

Du moins, si je pouvais vous offrir une chaise,
Vous seriez, pour jaser, beaucoup plus à votre aise.

GOTON.

Je me tiendrai debout.

GOUSPIN.

De grâce, apprenez-moi
La cause ou le motif du trouble où je vous voi.
Qui vous rend à mes yeux si triste et si minable ?

GOTON.

A peine achevions-nous un repas délectable,
Précurseur de l'hymen et gage de sa foi,
Mon amant me quitta... je ne sais trop pourquoi.
Le vin que j'avais pris dans cette aimable fête,
Me brouillait la cervelle et m'échauffait la tête,
Au point que j'étais gaie à te faire plaisir ;
J'allais, sur le carreau, tomber et m'assoupir.
Un homme furieux s'élance de la porte
Et d'un bras vigoureux me saisit et m'emporte,
La faiblesse où j'étais m'empêcha de crier ;
Je redoutais d'ailleurs les langues du quartier.
Cependant sur le dos de cet homme en furie
J'allais, sans m'en douter, giter à l'écurie.
Vainement j'ai tenté de briser mes liens,
César par ses efforts affaiblissait les miens,
En me disant d'un ton à se pamer de rire :
» Si vous fuyez cruelle, il faudra que j'expire ;
» Pour conserver mes jours devenez ma moitié. »
A ces mots, malgré moi, j'en eus quelque pitié,
Loin de pouvoir alors augmenter sa tristesse,
Je lui laissai l'espoir d'approuver sa tendresse,
Lorsque la mort aura, dans son terrible cours,
De l'amant que j'adore escamoté les jours.
Il allait me céder, quand Crotté, (le pauvre homme !)
Accourt en fulminant et lui dit : « je t'assomme,

» Si tu ne remets pas Goton entre mes mains.
» Dis-moi, cuistre, dis-moi, quels sont tes noirs desseins?
» N'est-elle pas à moi, par droit de courte-paille ?
» Faut-il, pour la ravoir, que je livre bataille ?
» Réponds, je suis tout prêt.. » César, sans dire un mot,
Se jette sur Crotté, le terrasse aussitôt ;
Prend un manche à balai pour seconder sa haine,
Et visant au poitrail, lui perce la bedaine!...
Il expire en priant que je jure soudain
De ne pas épouser son féroce assassin.
Excuse ma douleur : cette image sanglante
Sera de mes chagrins la source conséquente.
J'allais fuir pour jamais cet asyle d'horreur
Quand un homme en courroux, et pâle à faire peur,
Fait trois pas en avant, puis autant en arrière ;
Je reconnus Leblanc dont l'ardente colère,
Égalait à nos yeux l'impétuosité.
Alors César lui crie en lui montrant Crotté :
» Le même sort t'attend, si tu viens me reprendre
» Un objet sur lequel tu n'as rien à prétendre ;
» — Eh bien, répond Leblanc, mettons vite habits bas!..
» — Soit, réplique César, tu vas sauter le pas. »
A ces mots, dans ses yeux, la férocité brille ;
Le monstre avec fureur prend un manche d'étrille,
S'élance sur Leblanc et le lui plonge au cœur!..
Je n'ai pu résister à ce second malheur ;
Et fuyant aussitôt César et ses victimes,
J'ai laissé ce coquin réfléchir sur ses crimes.
Voilà, Gouspin, voilà les détails douloureux
Du tableau que l'on vient d'exposer à mes yeux ;
Ah! mon cœur ulcéré, gardera pour la vie
Le souvenir affreux d'une telle infamie!

GOUSPIN.

Je tombe de mon haut!.. Quel dédale d'horreurs!...
Voilà donc où conduit l'amour en ses fureurs !
Eh quoi? Leblanc succombe, et César vient lui-même,
D'envoyer *ad patres* un homme qui vous aime!..

GOTON.

Que voulais-tu qu'il fit contre un gueux?...

GOUSPIN, *noblement.*

Qu'il filât!

Ou qu'un beau désespoir...

GOTON, *l'interrompant avec répugnance.*

Filer !.. C'est bien goujat !

GOUSPIN.

Il en avait la mine.

GOTON.

Honorons sa mémoire :
Périr en combattant c'est presque une victoire.
Je m'étonne, Gouspin, de t'entendre insulter
Un héros qu'avec moi tu devrais regretter ;
Crois-tu trouver par-là le moyen de me plaire ?

GOUSPIN, *tendrement.*

Si vous saviez, Goton, combien vous m'êtes chère,
Vous me pardonneriez de haïr un rival
Qui, durant son vivant, me fit tout plein de mal.
N'a-t-il pas maintes fois mis mon dos en alarmes ?
Ne m'a-t-il pas ravi votre cœur et vos charmes ?
Et pour m'indemniser d'un si funeste sort,
Allez-vous me gronder et me donner le tort ?
Laissez plutôt agir votre reconnaissance,
Et par un prompt hymen, couronnez ma constance.

GOTON.

Y penses-tu, mon cher, unirai-je en un jour
Les torches de la mort, aux flambeaux de l'amour ?
Puis-je rire et pleurer de la même figure ?

GOUSPIN.

Bah ! vous n'étiez, je crois encor que sa future.

GOTON.

L'en adorais-je moins ?

GOUSPIN.

C'est vrai ; mais c'est fini ;
Vous n'y penserez plus dans quelque temps d'ici.
Pourquoi ne pas se croire à cette heureuse époque ?
D'un malheur sans remède, aisément on se moque ;

Et s'il vous faut enfin montrer quelque douleur,
Je pourrai vous servir d'ange consolateur.

GOTON, *avec tendresse.*

Mais, dis-moi, cher Gouspin, me seras-tu fidèle?

GOUSPIN, *avec élan.*

Jusqu'à la mort!.. Et puis, vous connaissez mon zèle :
Je trime comme un nègre, et n'ai point de répi,
Si ce n'est le dimanche, et souvent le lundi.
Lorsque l'occasion me procure une aubaine,
J'attrappe bien ma foi... quatre francs par semaine.
Avec ce bénéfice et... l'espérance enfin,
Je sais rouler ma bosse et faire mon chemin.
Quant à mon naturel, il est connu, j'espère,
Je suis très-bon enfant, je deviendrai bon père ;
Je suis gai, je suis doux et j'ai de la vertu,
Juste ce qu'il en faut pour n'être pas pendu.
Je ne suis pas, je crois, un pilier de guinguettes,
Je ne suis pas non plus un coureur de fillettes,
Mon cœur soupire, hélas! pour la première fois :
Je vivrai pour vous seule et mourrai sous vos lois.
Tels sont les sentimens que j'apporte en ménage.
Si vous voulez ensuite éprouver mon courage,
Parlez : que faut-il faire? où me faut-il courir?
J'exécuterai tout, dussé-je enfin mourir :
Trop heureux si je puis, en ce jour d'allégresse,
M'assurer votre amour, et plus : votre tendresse.

GOTON.

Tu l'emportes, Gouspin!.. mon cœur à l'abandon,
Se moque des cancans et du qu'en dira-t-on.
Pouvais-je résister et rester en balance,
Aux accens convaincans de ta mâle éloquence ?
Aujourd'hui, c'en est fait, tu seras mon époux.

GOUSPIN, *transporté, se jetant à genoux.*

Ah! souffrez qu'à vos pieds je mette mes genoux,
Et que, sur votre main, la plus belle de France,
J'applique le baiser de la reconnaissance!

(*Goton présente à Gouspin une main qu'il baise et re-baise avec transport.*)

Les Amans.   4

SCÈNE IX.

Les Précédens, CÉSAR.

(Pendant les trois derniers vers, César paraît au fond,
aperçoit Gouspin aux pieds de Goton, en témoigne sa
colère par un geste menaçant, tire un eustache de sa
poche, l'aiguise sur le pavé, et s'avance ensuite.)

CÉSAR.

Ah! traître! je t'y prends; ici, tu me trahis!...
Tiens, de ta fausseté, voilà le digne prix!
(Il s'élance sur Gouspin et le tue.)

GOTON, *exaspérée.*

Ciel!... un troisième amant à mes regards rend l'ame!...
C'en est trop, à la fin, monstre le plus infâme
Qu'ait enfanté le Ciel en ses justes fureurs!...
N'es-tu pas abreuvé de leur sang, de mes pleurs?
Cherches-tu maintenant encore une victime?
(Découvrant un sein postiche.)
Tiens, frappe!... à tes forfaits ajoute un nouveau crime!
Il en coûte si peu lorsque l'on est en train.

CÉSAR, *froidement.*

Jamais un si beau sang ne rougira ma main...
Mais Goton, qui peut donc échauffer vos oreilles?
D'où sortent ces grands mots, ces clameurs sans pareilles?

GOTON.

Il le demande, ô Ciel! quand il a sous les yeux
De sa férocité le spectacle odieux!

CÉSAR, *noblement.*

Quoi? lorsque tout couvert des palmes de la gloire,
Je viens mettre à vos pieds le fruit de ma victoire;
Lorsqu'à mes trois rivaux, j'ai fait sauter le pas,
Osez-vous bien traiter César du haut en bas?

GOTON.

Retire-toi d'ici, vil rebut de la terre,
Cœur infiniment dur, féroce et sanguinaire!

Cesse de déranger mes esprits et mes sens;
Ta vue ajoute encore aux maux que je ressens.

CÉSAR.

Pouvez-vous, cœur ingrat, me vexer de la sorte?...
Vous divaguez, Goton, ou le diable m'emporte!
Mais un léger sommeil va faire tout passer :
Donnez-moi votre bras, il faut nous éclipser.
Demain, au point du jour, sans tambour ni trompette,
Nous prendrons, tous les deux, la poudre d'escampette;
Nous irons, loin d'ici, parler de nos amours,
Nous unir sans obstacle et couler d'heureux jours.
Ah! venez...

(*Il veut l'entraîner.*)

GOTON, *le repoussant.*

Effronté! Je sais mourir! regarde :

(*D'un mouvement spontané Goton saisit l'eustache resté dans la plaie de Gouspin, s'en frappe et tombe sur le corps du ramoneur qui fait un mouvement semblable au saut de carpe.*)

CÉSAR, *voulant la retenir et s'arrêtant.*

Arrêtez!... juste Ciel!... elle descend la garde!!!
C'en est fait! plus d'espoir!.... Ah! je suis un fripon!...
Pour moi, sur l'hémisphère, il n'est plus de Goton!
J'ai perdu, sans retour, un objet que j'adore,

(*Ici Goton fait un mouvement violent comme pour rendre le dernier soupir et pince César aux jambes.*)

Dont le cœur pour un autre aime et palpite encore...
Qu'a produit mon courroux?... qu'a fait mon désespoir?
Le voici!... N'est-ce pas un beau venez-y voir?
Déjà mille remords me reprochent mes crimes...
La terre, sous mes pieds, semble ouvrir ses abîmes...
Où me fourrer? où fuir?... où diriger mes pas?
Dans quel endroit pourrai-je éviter le trépas?
Qui voudra se servir de ma main sanguinaire?
Qui voudra soulager mes maux et ma misère?
Pas un chat, j'en suis sûr! L'ange exterminateur
A posé sur mon pif le sceau réprobateur!...
Ah! qu'une prompte mort venge enfin tous mes crimes.

Mais, que vois-je !... en ces lieux s'avancent mes victimes !..
N'approchez pas, Messieurs, je suis assez puni !...

SCÈNE X.

GOUSPIN et GOTON (*morts*), CÉSAR, *stupéfait*, CROTTÉ et LEBLANC, *s'avançant l'œil fixe comme des ombres.*

(*Crotté et Leblanc entrent en scène ; le premier, avec un manche à balai au travers du corps ; le second, le cœur percé par le manche d'une étrille.*)

CROTTÉ, *s'avançant à la droite de César.*

C'est pour te taquiner que nous venons ici.

(*Il le saisit au collet.*)

LEBLANC, *à la gauche.*

Nous trinquerons ce soir au ténébreux empire.

CÉSAR, *se livrant à eux et regardant au cintre.*

Laissez cheoir le rideau ; car je crois que j'expire !

(*Crotté et Leblanc entraînent César au milieu du théâtre, d'où ils s'abîment dans les enfers.*)

FIN.

www.ingramcontent.com/pod-product-compliance
Lightning Source LLC
Chambersburg PA
CBHW030125230526
45469CB00005B/1806